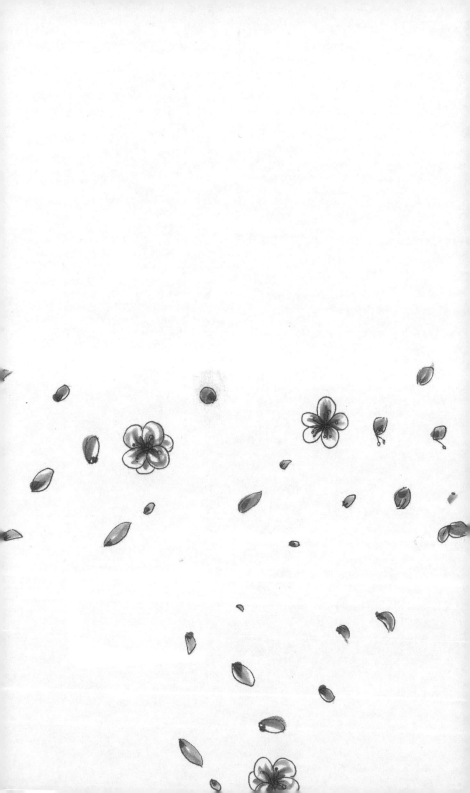

Boy's Love: Flor de Ameixeira

Dana Guedes

Ilustrações: Nyao (Kuloh)

primeira edição

editora draco

são paulo

2015

Dana Guedes
é autora dos contos *Homérica Pirataria, V.E.R.N.E. e o Farol de Dover,* entre
outros de fantasia e aventura, gêneros pelos quais é apaixonada. Formada
em design gráfico, ama viajar e busca inspiração em diferentes culturas e
linguagens. Também roteiriza e gerencia games e sonha com o dia em que suas
histórias tocarão mais corações. Facebook.com/dana.guedes

© 2015 by Dana Guedes

Todos os direitos reservados à Editora Draco

Publisher: Erick Santos Cardoso
Produção editorial: Janaina Chervezan
Ilustrações: Nyao (Kuloh)
Capa e editoração digital: Ericksama

Dados Internacionais de Catalogação na Publicação (CIP)
Ana Lúcia Merege 4667/CRB7

Guedes, Dana
     Boy's Love: Flor de Ameixeira / Dana Guedes – São Paulo: Draco, 2015

ISBN 978-85-8243-151-1

1. Contos brasileiros 2. Literatura Brasileira I. Título

CDD-869.93

Índices para catálogo sistemático:
1. Ficção : Literatura brasileira 869.93

Primeira edição, 2015

Editora Draco
R. César Beccaria, 27 – casa 1
Jd. da Glória – São Paulo – SP
CEP 01547-060
editoradraco@gmail.com
www.editoradraco.com
www.facebook.com/editoradraco
Twitter e Instagram: @editoradraco

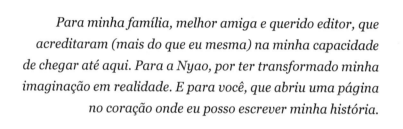

Para minha família, melhor amiga e querido editor, que acreditaram (mais do que eu mesma) na minha capacidade de chegar até aqui. Para a Nyao, por ter transformado minha imaginação em realidade. E para você, que abriu uma página no coração onde eu posso escrever minha história.

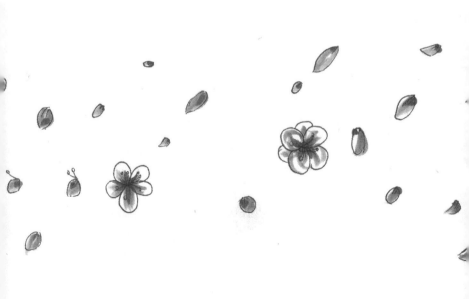

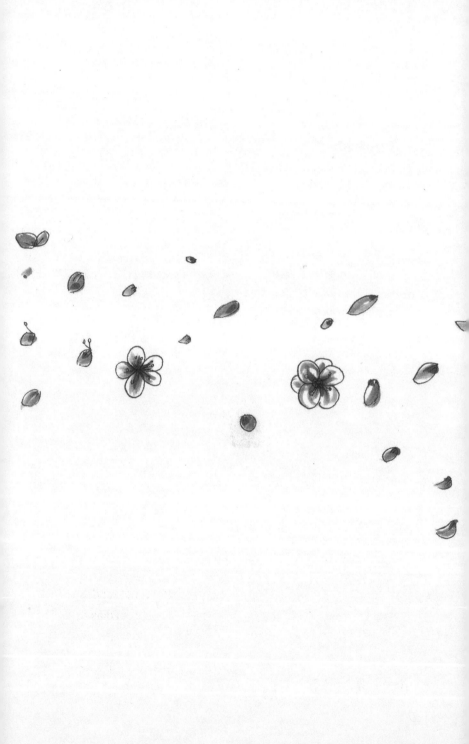

Colocou o último livro e fechou o zíper. A mala da escola ainda era a mesma, diferente do uniforme. Havia deixado para trás o casaco preto, de botões dourados e redondos, e arrumava o blazer azul marinho e a gravata vermelha e branca – as cores da nova escola. Naoki Fujimoto não tinha de quem se despedir quando saiu de casa. Filho único, seus pais estavam sempre viajando e ocupados demais por conta do trabalho. Eram sócios majoritários de uma empresa de exportação, com sedes espalhadas por todo o país. Por isso constantemente se mudavam, algo que o filho já deveria ter se acostumado. Era a quarta escola diferente em que ele iria estudar. Escolas demais para quem tinha apenas 16 anos.

A cidade nova em que viviam – Kushiyama - também não tinha muitos atrativos. Haviam chegado há pouco menos de um mês e Naoki tinha certeza de que vira tudo o que tinha para se ver, em dois passeios de bicicleta. Uma estação de trem, pequenos centros comerciais e restaurantes, templos *shinto* espalhados a cada três ruas, uma livraria de descontos e dois parques grandes, que pareciam ótimos lugares para relaxar e espairecer em dias tranquilos. Certamente era uma cidade muito menor que a anterior, mas não tinha do que reclamar. Gostava de tranquilidade e sabia que, de qualquer forma, quase nunca conseguia fazer amigos. Os poucos que tinha não via há meses e provavelmente não os veria nunca mais, se não por fotos e mensagens de celular.

Mas era hora de começar de novo e Fujimoto rumou para mais um primeiro dia de aula. Já passara na frente do Colégio Sênior Kushiyama Nishi, mas ele parecia diferente agora, com todos os jovens alunos que entravam pelos portões principais. Para seu alívio, ninguém parecia notá-lo. A aparência de Naoki era bastante comum, especialmente para a sua idade. Seus cabelos eram bem escuros, quase negros como seus olhos, estatura mediana, magro, pele clara e traços faciais delicados. Bonito, mas estava longe de se destacar em uma multidão.

Todos pareciam bastante entusiasmados. Conversavam em voz alta, riam, amigos se reencontravam. A sala de Fujimoto, então, era particularmente animada. Indicada por uma plaqueta sobre a porta, a classe 2-F possuía 25 alunos barulhentos, que se botavam a par de tudo o que acontecera nas férias de inverno.

Quando o professor entrou, no entanto, todos fizeram silêncio e voltaram para seus lugares. Naoki sentiu-se ansioso, respirando fundo e balançando as pernas. Entrelaçava os próprios dedos sob a mesa. Sabia que *aquele* momento estava se aproximando. O professor se apresentou com simpatia. Sr. Yamada. 40 anos, terno marrom, cabelos penteados para trás. Abriu sua pasta e retirou dali alguns papéis, com a lista de alunos para a chamada.

— Quase todos vocês eu já conheço do ano passado. Vamos dar

as boas vindas, então, ao nosso novo aluno. Por favor, senhor Fujimoto, tenha a bondade de se apresentar.

Aquele momento.

O momento em que todos os olhares se voltaram a Naoki, quando ele se levantou e caminhou à frente da sala, escrevendo na lousa os *kanjis* que compunham seu nome. Não importa quantas vezes ele já tenha feito aquilo, sempre se sentia nervoso tendo que falar a tantos desconhecidos.

— B-Bom dia, meu nome é Naoki Fujimoto, fui transferido para cá do Colégio Junior Nagashimadai. Muito prazer em conhecê-los, espero que possamos ser amigos. – Disse, com a voz ligeiramente trêmula, terminando sua apresentação com uma reverência aos colegas de classe, recebendo mais olhares curiosos do que solidários. Mas, de novo, é algo que ele já deveria estar acostumado.

O sinal da escola bateu indicando a pausa para o almoço e Naoki despertou do estado compenetrado em que se encontrava. Era fácil esquecer os arredores quando estava no meio da aula e mais fácil ainda ignorar as tentativas dos bagunceiros da classe de atazaná-lo. No entanto, tudo mudava quando se tratava do refeitório. Antes mesmo de abrir a tampa do *bentô* que havia levado, ouviu um de seus companheiros de sala o chamando, e sentiu um tapa não tão amigável em seu ombro logo.

— Yo, Fujimoto! É Fujimoto, né? E aí, o que manda? O que você tem de bom aí pra comer? Nossa! Salsicha cortada em formato de polvo! Minha mãe não faz dessas pra mim desde que eu estava na quarta série! - riu alto o garoto de cabelos descoloridos e levemente espigados, com o uniforme aberto e a camisa para fora das calças, de um jeito desleixado e (por que não dizer?) proibido nas normas de vestimenta da escola. – Deixa eu experimentar isso aí! Olha só, até que tá boa a comidinha do neném. Vem experimentar, Hisakawa!

— Honda, qual é. Deixa de ser babaca e para de atormentar o moleque. – disse o que atendeu por Hisakawa. Ele era mais alto e não parecia desleixado como Honda, apesar da gravata frouxa e da camisa com dois botões abertos. Seus cabelos eram mais compridos, a parte de trás chegando à altura dos ombros, e eram tingidos de um castanho claro.

— Não estou atormentando, estou dando boas vindas ao nosso novo colega de classe! Não é? A regra da boa educação diz que tem que se apresentar e respeitar os mais importantes! Me chamo Arata Honda, sou o líder da maior gangue dessa escola. Ninguém se diverte aqui sem a minha autorização. Ninguém é feliz aqui se não for meu amigo. Se quer se dar bem nessa escola, Fujimoto, tem que fazer tudo o que eu mandar. Estamos entendidos? Eu tenho amigos em cada uma das classes, até do último ano. Tá vendo aquele grandão ali? – Honda perguntou, apontando para um estudante muito mais alto e mais forte que os outros do refeitório, comendo como um búfalo. – É o Yamamura. É ele quem acerta as contas com quem não obedece.

Não acho que você vai querer encará-lo, vai? Então seja bonzinho.

— Não tenho intenção de causar problemas para ninguém aqui, Honda. — Naoki respondeu com calma, sem parecer intimidado ou desafiante demais. Já havia lidado com tipos como ele antes.

— Claro que não, você parece ser um cara legal, né Kobayashi? — Honda perguntou, virando-se para outro garoto de sua sala, parado a poucos passos atrás dele. — Por isso eu vou te dar uma chance de entrar na minha turma. Você conhece *Kokkuri-san*?

— Quem não conhece *Kokkuri-san*? — Fujimoto respondeu, erguendo uma sobrancelha.

— Honda, isso é idiotice, larga a mão de... — Hisakawa tentou intervir.

— Não enche, Takuma, eu estou falando com o Fujimoto. Quarta-feira, às duas horas da manhã, encontre a gente aqui no muro da escola. Eu não me importo com o que você vai falar para sua mamãe e sua salsichinha de polvo. Esteja lá. Isso não é um pedido. E eu fico com isso — Ele terminou com uma batida na mesa, tomando de Naoki o seu almoço, saindo sem olhar para trás.

Sair de madrugada era o de menos. Seus pais estavam viajando e só voltariam na primeira semana do mês seguinte. Deixaram dinheiro mais do que suficiente para o filho comprar o que precisasse e saísse quando quisesse. Ligavam geralmente na hora do jantar para saber como estava e desejar boa noite. Nada muito além do necessário. Naoki também não fazia questão de contar aos pais as suas intimidades. Tampouco sobre a questão que ele passara dois dias ponderando: ir ou não ao desafio de Honda. Mas o que poderia ser pior que passar o resto do ano letivo aguentando aquele garoto em seu pé? Decidiu ir.

A noite trazia um vento gelado que o começo da primavera ainda não conseguira mandar embora. As primeiras flores de ameixeira desabrochavam em um rosa pálido. Com as mãos dentro do bolso da jaqueta, caminhou pelas ruas desertas, fazendo o máximo de silêncio possível para não alarmar os vizinhos ou levantar suspeitas. Ao fazer a curva que levava aos portões da escola, avistou a silhueta de garotos perto do muro. Cinco deles. Naoki hesitou, mas era tarde demais. Ele já havia sido visto e Honda acenava para que fosse mais depressa.

— Até que eu admiro sua coragem, achei que fosse amarelar! – Arata disse, dando um de seus famigerados tapinhas nos ombros, conduzindo o novato para perto do grupo. Fujimoto reconheceu quase todos os que estavam ali. Hisakawa, Kobayashi e Yamamura. O outro era franzino, mais baixo que ele, usava óculos de armações grossas e o encarava nos olhos profundamente, como se quisesse desvendar algum segredo.

— Era o combinado, não era? – Honda respondeu, fitando os outros garotos. – Não achei que fosse vir tanta gente.

— Em rituais de iniciação, costumo convidar todo mundo. Eu farei as honras de apresentar a todos. Esse, como você já sabe, é Takuma Hisakawa – disse, apontando para o garoto alto de sua sala, que não parecia estar interessado em nada daquilo. Apenas pegou um isqueiro, acendeu seu cigarro mentolado e o tragou com calma. – Esse é Yoshiro Kobayashi – apontou para o outro garoto que também pertencia à classe 2-F. Ele parecia um pouco mais ansioso que os outros e não emanava perigo. Até mesmo o seu olhar era amedrontado. – Esse é Daichi Yamamura – o aluno forte e de pele mais morena fez um aceno leve com a cabeça. – E esse é Seijurou Kimura. Eles dois são da 2-C. – O garoto de óculos nem mesmo piscou. Continuou encarando Naoki, de braços cruzados em frente ao corpo.

— Muito prazer – Fujimoto respondeu, fazendo um aceno leve, querendo que tudo terminasse o mais rápido possível. – E então? O que vamos fazer? Não podemos demorar muito aqui e amanhã nós temos aula.

— Tá com medinho, é? Relaxa que não vai demorar nada, mas temos que fazer as coisas direito. – Honda disse, olhando ao redor apenas para garantir que não estavam sendo observados e apoiou as duas mãos no muro da escola para o escalar.

— O que você tá fazendo? – Naoki sussurrou o mais alto que conseguiu.

— A gente não pode invadir a escola! – Kobayashi disse, arregalando os olhos – Se alguém descobrir eu vou tomar suspensão de novo!

Honda fez um muxoxo.

— Yoshi, cala a boca e sobe logo! Anda, vem, e vocês também! Eu conheço o lugar perfeito para o *Kokkuri-san.*

Seguindo Arata, Fujimoto e os outros garotos pularam o muro, pisando nos jardins da escola e correndo em silêncio até o prédio. Em uma cidade pequena como aquela não eram necessárias medidas de segurança drásticas, e certamente o zelador estava dormindo àquela hora. Honda foi à frente, tentando abrir as portas de vidro até encontrar uma que estivesse destrancada. Os garotos entraram no prédio por um dos corredores laterais, tirando os sapatos, não por causa do costume, mas porque não queriam ser descobertos.

A escuridão deixava o ambiente apavorante, para dizer o mínimo. Os corredores longos e as portas entreabertas das salas de aula causavam má impressão, como se alguém estivesse à espreita. Claro que a ansiedade por estarem cometendo um ato proibido deixava a adrenalina à flor da pele. Seus sentidos estavam aguçados e reagiam a qualquer ranger de porta ou vulto que vissem por engano. Alguns pareciam menos afetados por tudo aquilo, como Yamamura e Hisakawa. Kobayashi, no entanto, estremecia a cada lance de escadas que subiam. Chegaram, finalmente, a uma sala grande que servia como depósito de materiais de limpeza e de escritório, para os clubes da escola.

— É aqui – disse Honda, abrindo a porta devagar para não fazer barulho. – Entrem.

Takuma respirou fundo enquanto observava cada canto e detalhe daquela sala. Parecia mais sério que o de costume, mas não se manifestou. Colocou as mãos nos bolsos da calça, apoiando-se na parede mais próxima à porta e balançou a cabeça levemente.

— Isso é pura idiotice, Arata, vai por mim.

— Não sabia que você era tão medroso, Takuma. – Honda disse, tirando do bolso um papel branco, com todo o alfabeto *hiragana* japonês formando um círculo. Também havia ali os *kanjis* de "sim", "não", "homem", "mulher", "entrada", "saída" e o desenho de um *torii* – o portal sagrado dos templos.

— O que é isso? – Yoshiro perguntou, fazendo Arata rir.

— Sério que você não sabe o que é *Kokkuri-san*? Eu te conto então. É um jogo para conversar com os mortos. A gente coloca uma moeda de dez ienes e três pessoas se sentam ao redor do papel. A gente faz perguntas e o fantasma responde.

— M-M-Morto? Fantasma? Não, Arata, eu vou pra casa! – Kobayashi disse, tentando sair, mas sendo empurrado de volta para a sala.

— Não se preocupe, Kobayashi – Naoki disse – Isso é só um jogo. Uma brincadeira boba de criança. Não acontece nada de verdade.

Hisakawa pousou os olhos em Fujimoto. Honda tirou a moeda de dez do bolso, arrumando tudo em uma mesa vazia. Fez Naoki se sentar, e depois Yoshiro – muito a contragosto do

garoto. Takuma e Daichi fizeram questão de deixar muito claro que não tinham intenções de jogar. Ficou para Kimura o cargo de completar a brincadeira. Honda, é claro, ficaria apenas assistindo.

— Podem começar, vocês sabem como funciona.

Suspirando, foi Fujimoto quem puxou as palavras de invocação, depois dos três colocarem o dedo indicador direito sobre a moeda.

— *Kokkuri-san, Kokkuri-san*. Por favor apareça.

Kokkuri-san, Kokkuri-san. Por favor apareça. – A voz de Seijurou se uniu à dele. —

Kokkuri-san, Kokkuri-san. Por favor apareça. – Os olhos de Yoshiro se fecharam, mas nada surgiu. A moeda continuou parada no centro do papel. A tensão, no entanto, era tangível. Respirando baixo, Naoki observou ao redor. Os olhos de Honda estavam arregalados, tentando enxergar algo na escuridão. Procurava qualquer sinal de que a mágica acontecera. Hisakawa parecia atento, sequer piscava.

Os segundos passaram se arrastando no silêncio e quando haviam desistido de esperar, algo aconteceu. Os dedos do trio se moveram sozinhos, conduzindo a moeda até o ideograma de entrada.

— Não, por favor, eu não quero mais brincar, eu não quero! – Kobayashi estremeceu, mas os olhos de Honda brilhavam, como se estivesse possuído.

19

— Fica aí, Yoshiro, senão eu te mato! Vai, perguntem alguma coisa para descobrir quem é!

— Você é homem ou mulher? – perguntou Kimura, apesar de não parecer nem um pouco deslumbrado. Continuava não acreditando, já que qualquer um dos outros dois poderia estar mexendo a moeda.

"Mulher" foi a resposta indicada na tabela.

— Qual o seu nome? – perguntou Fujimoto, apreensivo. Ele nunca havia acreditado em nenhuma das histórias que ouvia sobre *Kokkuri-san*, mas tinha que confessar: dava um pouco de medo não saber se os outros estavam pregando uma peça nele ou não. A moeda ficou parada alguns instantes, antes de se mover, sílaba por sílaba em *hiragana*. — U-ME-KO. O nome dela é Umeko. — Fujimoto completou.

Hisakawa ergueu os olhos mais uma vez, intrigado. Arata, no entanto, queria mais. Estava totalmente fascinado pelas respostas que vinham do além.

— Pergunta o que ela quer, Naoki!

— O que você quer aqui, Umeko? – perguntou, mais tenso que antes.

A moeda levou alguns instantes para percorrer as sílabas. O estômago de Naoki se revirou, ao que teve um pressentimento muito ruim. "KI- MI- TA-CHI... KO... RO... SU". Engolindo em seco, os garotos encararam o papel com terror. "Matar todos vocês".

Poderia, é claro, ter sido apenas uma brincadeira de mau gosto. Mas não era. Após verem a última sílaba, os garotos sentiram um arrepio estranho eriçar os cabelos de suas nucas. Um silêncio pesado pairou no ar, como se abafasse até mesmo suas respirações. A luz da lua que entrava pelas frestas das janelas desapareceu e toda a sala foi tomada por uma densa escuridão. Yoshiro disse algo ininteligível, soando apenas como um choramingo de medo. Ligando a lanterna que trazia no bolso, Hisakawa levou o dedo indicador aos lábios, para que os outros fizessem silêncio.

— Não tirem o dedo da moeda — sua ordem era clara.

— Hisakawa, que merda é essa? Vamos embora daqui! — Honda sussurrou, assustado.

— Não se mexa. Essa ideia idiota foi sua, então faz o que eu estou falando — Takuma disse rispidamente, apontando a lanterna para a mesa, iluminando o papel do *Kokkuri-san*.

— Dane-se você, Takuma, eu não vou ficar aqui! — Arata andou um tanto às cegas até a porta entreaberta, guiado pelo que podia ver de um poste de luz da rua.

Porém, antes que pudesse alcançar a maçaneta, a porta bateu com força, como se movida por uma rajada de vento que não sentiram. Ele tentou abri-la em vão. Estavam trancados.

— Que porcaria tá acontecendo aqui? O que é isso? — Honda se exaltou, agarrando a maçaneta e tentando girá-la, sacudi-la com força, sem resultados.

— Pra mim já chega, Hisakawa. Não quero mais fazer parte dessas suas armações – Kimura disse ao se levantar da mesa, deixando apenas Naoki e Yoshiro com os dedos na moeda.

— Não! Seijurou, isso não é armação, eu não tenho nada a ver com isso! Volta pra essa mesa agora!

— Silêncio! – Yamamura os chamou – Eu ouvi alguma coisa.

Logo, todos ouviram. Passos lentos ecoando pela sala. Takuma ergueu a lanterna mais uma vez, iluminando os fundos da classe. Caixas de papelão amontoadas. Carteiras velhas umas sobre as outras. Vassouras, garrafas com produtos de limpeza. Devagar, ele moveu o foco de luz em direção ao canto esquerdo da sala. Mais cadeiras viradas. Monitores quebrados. E então, viu uma pessoa ali. Seus corações quase se esqueceram de bater ao verem uma garota de costas. Cabelos negros compridos. Um blazer velho azul marinho e saia xadrez com vermelho. O uniforme da escola. Guiada pela luz, a menina começou a virar o pescoço. Os ossos dela estalavam e aquele som aflitivo fazia o estômago dos garotos gelarem. O horror crescia em seus olhos. Quando ela finalmente se virou, os gritos estarrecedores dos meninos preencheram a sala escura. A boca dela estava rasgada, se abrindo de ponta a ponta de seu rosto. A garganta aberta em um corte de ponta a ponta sangrava sobre o laço do uniforme. No lugar de um dos olhos, um buraco negro com sangue úmido podia ser visto sob a franja.

— **Por quê? Por que você não acredita em mim?** – A voz dela saía distorcida, misturando-se a um grunhido horrível. Sua boca se abria, mostrando seu rosto dilacerado.

A reação dos garotos foi de pânico. Yoshiro berrou a plenos pulmões, levantando-se abruptamente da cadeira, tropeçando em um dos pés e caindo no chão. Honda, desesperado, tentou abrir a porta com ainda mais violência, forçando a maçaneta para fora. Yamamura interviu, tentando arrebentar a madeira com chutes fortes e com trombadas. Naoki se levantou, os olhos trêmulos fitavam a imagem de Umeko se aproximar. A cabeça dela parecia frouxa, tombada para o lado.

— Não! – Takuma agarrou o braço dele, forçando sua mão sobre o papel do *Kokkuri* – Não saia! Ela não pode fazer nada se você continuar com o dedo na moeda! – Ele disse, exasperado, colocando o dedo junto ao de Naoki. – Naoki, olhe pra mim! Não olhe pra ela, olhe pra mim!

Fujimoto virou a cabeça, fitando o rosto de Hisakawa.

— Repita comigo – Hisakawa olhava fixamente nos olhos de Naoki – *"Kokkuri-san, Kokkuri-san.* Muito obrigado. Se separe de mim agora".

— *K-Kokkuri-san... Kokkuri-san...* – Naoki começou, sentindo um vento forte que atingiu a sala em seguida. As caixas e cadeiras começaram a cair.

Yamamoto tentava com ainda mais força quebrar a porta. Seus chutes faziam a madeira rachar. Honda e Kimura ajudavam Yoshiro a se levantar. Havia torcido o tornozelo na queda. Umeko, no entanto, parecia sorrir ainda mais. O corte em sua boca se abria, derramando mais sangue sobre suas vestes. Os cabelos longos voavam com o vento que circulava entre as paredes.

— Naoki! Continue! – Takuma o chamou de volta, e o puxou pela cintura para mais perto – Você tem que terminar a frase!

— *Kokkuri-san, Kokkuri-san...* – Fujimoto voltou a si, engolindo em seco.

— CONSEGUIMOS! Vamos embora agora! – Honda gritou. A porta havia cedido. Kimura correu para o lado de fora, seguido por Yamamoto. – Vamos! – Arata chamou mais uma vez, ajudando Kobayashi a se arrastar para fora dali.

— Não, Naoki! Você não pode sair! – Hisakawa o apertou ainda mais contra si.

Fujimoto olhou para Umeko mais uma vez. Ela se aproximara e tocou sua mão com dedos gelados. A pele morta. O cheiro de decomposição que a acompanhava.

— **Por que você não acredita em mim?** – perguntou mais uma vez.

Gritando aterrorizado, Naoki tirou o dedo da moeda, empurrando Takuma para longe. Ele correu até a porta, mas não a alcançou. Tudo ficou escuro de repente. O breu absoluto. Não havia mais Hisakawa ou saída, nem chão e nem teto. E então, aquela sensação mais uma vez. Os pelos eriçados de seu corpo e um terrível pressentimento de que alguém o observava.

"Você tem que acreditar em mim".

— NÃO! – ele gritou, abrindo os olhos, apavorado. Sua primeira visão foi o teto de seu quarto. O sol brilhava, entrando pela janela. O relógio começou a apitar: 6:30 a.m, quinta-feira. Hora de ir para a escola.

Um sonho.

Um maldito sonho.

Só não se lembrava de ter ido dormir com sua jaqueta cáqui e calças jeans.

Na escola, tudo parecia normal. Apesar de não conferir pessoalmente a misteriosa sala do *Kokkuri-san*, Naoki não ouviu nada sobre portas quebradas ou gritos na madrugada, tampouco sobre a escola ter sido invadida. Mesmo assim ele se sentia cansado, o sonho tão vívido ainda em sua mente.

Ao chegar na classe, sr. Yamada já estava lá. Fujimoto sentou-se, tentando se manter acordado enquanto abria o livro, seguindo as instruções do professor. Olhou para o lado e observou Honda e Kobayashi. O que iriam dizer sobre ele não ter aparecido na noite anterior? Eles também pareciam cansados. Hisakawa sentava mais à frente e Naoki podia apenas fitar suas costas. No pesadelo, Takuma parecia saber algo sobre o fantasma de Umeko e como derrotá-la. Por que será que seu subconsciente atribuíra a ele tal heroísmo? Não teve tempo para ponderar a questão. Hisakawa virou o rosto, encarando-o e assentindo suavemente com a cabeça. Fujimoto sentiu o coração acelerar, envergonhado, desviando o olhar depressa, voltando a sua atenção para o livro. Custou muito até conseguir se concentrar na aula.

Quando o sinal tocou marcando o intervalo para o almoço, Naoki se preparou para todo o discurso de Honda. Havia até mesmo levado comida a mais, caso fosse novamente roubado. Ele levantou-se e arrumava sua mochila quando sentiu um toque em suas costas. Era Takuma.

— Venha comigo, precisamos conversar.

Do telhado da escola, Fujimoto podia ver quase toda a plana cidade. Era uma sensação de paz, apesar de estarem em um local proibido para alunos, mas perfeitamente seguro, segundo Hisakawa. Havia grades cercando todos os lados. Takuma se adiantou, acendendo um de seus cigarros, sentando-se em um elevado de concreto que parecia um banco comprido.

— E então? - ele perguntou, observando Naoki. – O que tem a dizer?

— Eu pensei que seria o Honda quem iria me abordar sobre esse assunto. Me desculpe por ontem, eu tinha a intenção de aparecer, mas devo ter dormido enquanto esperava a hora de sair. Mas aqui, eu trouxe comida se você quiser... – ele respondeu, tirando o almoço embrulhado da mala.

— Do que você está falando, Fujimoto? Vem aqui, me deixa ver uma coisa – Takuma disse, deixando o cigarro preso entre os lábios, puxando Naoki para perto e colocando a mão em sua testa. – Não parece estar com febre. Você desmaiou ontem à noite. Eu te levei pra casa, achei as chaves no seu bolso.

— Eu desmaiei? Mas como eu posso ter... Então... Nós realmente nos encontramos ontem à noite? - Isso explicaria por que ele vestia as roupas do sonho, ao acordar.

— Sim. Tudo foi real, infelizmente. Não se pode jogar *Kokkurisan* sem finalizar o jogo. É um ritual de elos. Antes que o espírito saia, você deve quebrar a ligação, assim o fantasma retorna para o mundo dele e você prossegue no seu. A moeda tem que ser jogada fora e o papel queimado. Só assim não atrai consequências ruins. Eu tentei avisar o Arata, mas ele é retardado. Eu aceitei ir junto só para garantir que tudo ficaria bem no final. Não deu muito certo, né? – Hisakawa disse, olhando para Fujimoto enquanto o garoto sentava ao seu lado. Sua expressão era miserável.

— E eu não finalizei o jogo... Você me avisou para não tirar o dedo da moeda, mesmo assim eu não ouvi. Eu estava tão assustado que só queria correr para longe dali. E agora, Hisakawa? Aquela coisa vai ir atrás de mim? Pra sempre? – perguntou com os olhos marejados, fitando o rosto de Takuma.

— Calma. Nós vamos dar um jeito. Para ser sincero eu não tenho boas notícias. Como você foi o último a deixar a mesa e não cumpriu o final do jogo, a coisa vai ficar feia pro seu lado. Ela não vai ligar pro Kobayashi ou pro Kimura. Vai querer você.

Mas não se preocupe, eu vou te ajudar, está bem? Eu prometo.

— S-Sim. Tudo bem... — Naoki respondeu, inseguro. A cabeça fervia em um milhão de pensamentos. Medos. Ansiedades.

— Escuta, você estava falando sério quando disse que eu podia comer isso? — Takuma perguntou, apontando para o embrulho que Fujimoto oferecera. Tendo seu consentimento, abriu a tampa, sentindo o cheiro ótimo da comida e a provando. — Nossa! Isso está muito bom!

— Ah, obrigado. Fui eu que fiz. — Fujimoto disse, com a voz baixa e um sorriso forçado, de quem ainda estava tremendo de medo. Seu coração, no entanto, disparou quando sentiu a mão quente de Hisakawa sobre seus cabelos, bagunçando-os carinhosamente.

— Não se preocupe, Naoki. Não vou deixar nada acontecer com você.

Honda não queria saber de nada sobre a noite anterior. Queria apagar aquilo da memória. Eventualmente descobriram que o zelador estava respondendo perguntas na diretoria a respeito da invasão. O pobre homem não sabia dizer o que acontecera. Acordara com os gritos, mas quando chegou havia apenas a porta quebrada e a desordem completa do depósito. Provavelmente os alunos mais encrenqueiros teriam que prestar depoimentos aos coordenadores, mais um motivo pelo qual Honda queria fingir que nada acontecera. O outro motivo era puro medo, mas ele jamais iria admitir. Apesar disso, passou a tratar Naoki como igual. Sem querer, o novato acabou se integrando ao grupo dos delinquentes.

Ao entardecer, as atividades escolares terminaram e os alunos começaram a voltar para casa. Fujimoto caminhou com os outros garotos até o estacionamento de bicicletas e iam se despedindo, quando Takuma se juntou a ele.

— Eu te acompanho até sua casa, se não se incomodar – Takuma disse, jogando a mochila por cima dos ombros.

— Não tinha reparado que o caminho que você segue é o mesmo que o meu – Naoki comentou, conduzindo a bicicleta pelo guidão enquanto caminhava ao lado do colega, que ia a pé.

— Não é. Eu moro aqui perto da escola. Eu vou te acompanhar só para ter certeza que você vai ficar bem. Quanto te levei para casa ontem, não pude deixar de reparar que não tinha ninguém lá. Onde estão os seus pais?

— Viajando. Eles trabalham com comércio exterior e coisas assim. Não ficam muito em casa. Mas deixam tudo o que preciso, então aprendi a me virar. – Fujimoto respondeu.

— Te entendo. Também não moro com meus pais, vivo aqui com meu avô. Ele não se importa muito comigo, contanto que eu faça minhas tarefas. – Hisakawa deu de ombros, parando em uma máquina de refrigerantes. Comprou uma lata para si e outra para Naoki. – Também dou um jeito de me virar.

— Obrigado – disse, segurando a latinha. Momentos depois,

31

haviam chegado em frente ao portão da residência dos
Fujimoto. – Muito obrigado pela bebida e pela companhia. Não
se preocupe muito, Hisakawa, eu vou ficar bem.

— Takuma. Me chame só de Takuma. Olha, eu não tenho hora
para voltar para casa, se você quiser que eu entre e fique um
pouco com você pra não te deixar sozinho...

— Não precisa, Hisaka... —Takuma. Não precisa se incomodar.
Nos vemos amanhã na escola?

— Claro. De qualquer forma, tome aqui – Hisakawa disse,
tomando uma das mãos de Fujimoto e anotando ali um número
à caneta. Depois lhe entregou um *Omamori* – um amuleto
de sorte. – Guarde isso com você. E esse é meu telefone. Se
acontecer qualquer coisa, me ligue, está bem? Não importa
a hora. Ah, sim! Antes de dormir, tome um banho com água
salgada quente. Boa noite, Naoki. Tome cuidado.

Concordando com um aceno, Fujimoto viu Takuma tomar
o caminho de volta. Era uma sensação estranha a que ele
sentia agora. Um calor agradável dentro do peito e o esboço
de um sorriso que não se apagava, mesmo quando não estava
pensando em nada. Um conforto gostoso por saber que alguém
se importava com ele, afastando de si o sentimento de solidão.

Mal sabia Naoki que, de fato, não estava sozinho.

Sem perceber, adormeceu logo depois do jantar. Eram quase
três da manhã quando abriu os olhos. A televisão ainda estava
ligada e seu corpo reclamava do mau jeito no sofá. O pescoço

33

estralou quando tentou alongá-lo. Precisava ir para a cama. Sonolento, subiu as escadas após desligar todas as luzes e aparelhos. Já de pijamas, deitou-se no colchão, relaxando a cabeça no travesseiro e se cobriu.

Foi quando escutou um chiado e −então− as vozes de um programa de TV. Os passos na escada não deixaram dúvidas: havia alguém ali. Devagar, a escada de madeira rangia. O som se aproximava, degrau por degrau.

Naoki arregalou os olhos, agarrando o edredom. Seu corpo estava gelado e suas mãos suavam frio. Cada barulho de pisada no assoalho arrepiava as costas do garoto, até que, chegando ao topo da escada, cessou. Por longos instantes, o silêncio voltou a imperar na casa. Como se lembrasse de respirar, o garoto voltou a encher os pulmões, inspirando e expirando profundamente, relaxando. Então, ouviu de novo. Os passos fazendo ranger o piso de madeira, atravessando o corredor que levava ao seu quarto. Adicionado à sinfonia macabra, o som de ossos estalando, como os daquela noite. Ele pôde ver, através da fresta sob a porta, a sombra de dois pés parados do lado de fora.

Engoliu em seco, apavorado. O que deveria fazer? Olhou para a própria mão e viu o telefone de Takuma ainda anotado ali, mas não queria incomodá-lo. Estavam apenas começando a se conhecer melhor. Talvez devesse lidar com isso sozinho. Ainda trêmulo, Fujimoto levantou da cama em movimentos quase felinos de tão silenciosos. A mão dele se estendeu em direção à maçaneta e a agarrou. Era agora, ele estava pronto. Abriu a porta de uma vez, o coração apertado, porém o que encontrou

foi um corredor vazio. Não havia mais nada ali. O alívio
apoderou-se de si. Naoki apoiou o ombro no batente da porta,
fitando o corredor sem vestígios de outra presença.

— **Por que...?**

Os olhos do garoto se encheram de lágrimas, arregalados. A voz
vinha detrás de si. De dentro de seu quarto.

— **Por que você não acredita em mim...?**

As pernas de Fujimoto amoleceram e ele não queria se virar.
Porém não era uma escolha. Lentamente, virou o pescoço para
trás. O rosto dela estava bem ali. O olho que faltava. A boca
e a garganta rasgada. Fujimoto gritou e se jogou para trás.
Tropeçou nos próprios pés, caindo de costas dentro do quarto.
Arrastou-se como pôde para longe da figura de Umeko, em
direção à cama. Ela também se mexeu. Com a cabeça tombada,
andou na direção do garoto e um vento circulou depressa,
fazendo seus cabelos voarem.

— SOCORRO! – Fujimoto berrou, subindo na cama. Com uma
mão, pegou o abajur da mesa de cabeceira e o jogou contra a
entidade. Nada aconteceu. A boca de Umeko se abriu como se
ela fosse engoli-lo. Um som horripilante saiu dali, estalidos de
ossos se partindo. – ME DEIXE EM PAZ, SOCORRO! – gritou o
garoto e pegou tudo mais o que havia por perto para atirar nela.
Copo, telefone, *omamori*.

O *omamori*!

Naoki agarrou o amuleto com toda sua força. Não sabia

35

exatamente o que fazer com aquilo e não tinha tempo para pensar. Umeko se esgueirava na cama, sobre seu corpo. Ele sentia repulsa e pavor, os cabelos da morta roçavam em sua pele. Gritando, Fujimoto empurrou-a pela cabeça, pressionando o Omamori contra ela. Uma fumaça estranha saiu, como se o corpo de Umeko pegasse fogo por dentro. Uma fúria se acendeu em uma coloração vermelha, no único olho que a entidade tinha. Seu último olhar antes de desaparecer.

Arfando, Naoki levou alguns instantes para a adrenalina desacelerar. Então, o garoto agarrou os próprios joelhos, chorando por medo e choque, sentindo-se mais sozinho do que nunca. Não queria mais ficar ali, mas não tinha para onde ir. A única coisa que podia fazer agora era tomar seu banho de água salgada e tentar dormir. A escola o esperava logo cedo e ele não via a hora de ficar longe de casa.

"Noite difícil?". Dizia o bilhete de Takuma a Naoki, no meio da aula de história. "Deu pra notar?", ele respondeu com ironia. Quem não notaria suas olheiras enormes e o cansaço aparente? "O que aconteceu?", Takuma enviou preocupado. "Foi horrível. Não quero passar por isso nunca mais.", e contou brevemente a experiência da noite anterior. "Deveria ter me deixado ficar. Não vou te deixar sozinho de novo. Eu tenho um plano, mas precisamos de mais tempo. Quero te contar tudo hoje", Takuma enviou. "Me contar o quê?".

— Senhores Hisakawa e Fujimoto, espero não estar interrompendo nada – Yamada disse, com uma expressão de desaprovo, pegando no flagra a troca de bilhetes.

— Me desculpe, professor – Naoki respondeu, olhando para o colega. Quando o professor se virou para a lousa, pegou o último bilhete.

"Depois da escola vou pegar roupas para passar o final de semana na sua casa. Logo você saberá."

Apesar de ter acompanhado Takuma até a sua casa, não passou do portão da frente. Estranhou um muro tão alto em uma cidade daquele tamanho. O pouco que pôde ver antes de ele correr para dentro fora uma casa enorme, de construção antiga, parecendo mais um templo que uma residência. Logo, o amigo estava de volta com sua mochila e bicicleta. Pedalaram juntos até a casa de Naoki.

Assim que chegaram, Naoki fez questão de deixar Takuma bastante à vontade. Não estava acostumado a receber visitas ou convidados, mas sabia ser um ótimo anfitrião. Depois de vestirem roupas mais confortáveis, pôs seu avental e preparou o jantar.

— Caramba! Você sempre cozinha assim? Eu não como bem desse jeito nem na minha casa! – Takuma riu, admirado. Não era por menos. Sobre a mesa havia arroz branco quentinho, legumes empanados, sopa de *missô* e carne ao molho *shoyu*.

Tudo o suficiente para repetir e, claro, Takuma o fez. Agora a comida de Naoki era sua favorita.

Os momentos foram tão agradáveis que ambos quase se esqueceram por que estavam ali. Riram juntos e conversaram sobre a vida de um jeito que Naoki nunca fizera com ninguém. De barriga cheia, levaram o assunto para o sofá. O garoto contou sobre todas as mudanças, as cidades onde morara e os amigos que deixara para trás. Depois de ser ouvido com tanta atenção, era vez de saber o que Takuma queria lhe dizer.

— É justamente sobre a minha família que eu queria te contar hoje, Naoki. Só você sabe disso, então eu gostaria que guardasse segredo, tudo bem? Nós, Hisakawa, somos na verdade uma linhagem de exorcistas que vem desde a Era Sengoku. A casa do meu avô é a sede da família há séculos e eu me mudei pra cá ano passado para investigar um caso. Eu treino exorcismo desde os nove anos de idade, mas faz apenas três desde que eu comecei a atuar. Posso acender um cigarro? – ele perguntou, recebendo o consentimento de um Naoki perplexo. – Meus casos são mais simples que os dos mais velhos. Casas mal-assombradas, espíritos de suicidas, nada muito tenebroso. O que me trouxe a Kushiyama foi justamente a história da Umeko. Olha isso – tirou da mochila uma pasta, a entregando-a a Naoki. Havia ali dezenas de papéis antigos. Fichas e boletins escolares e, entre eles, uma foto. Era a mesma garota das aparições, mas bonita e com um lindo sorriso no rosto.

— Umeko Takigawa. 1983. – Naoki leu a legenda. – Isso é de 30 anos atrás. O que houve com ela?

— Foi assassinada pelo namorado, um mês depois dessa foto — Takuma respondeu, soltando a fumaça do cigarro. – Ele ainda está na cadeia por causa disso. Kato Kouichi. Confessou ter matado Umeko por ciúmes. Ela tinha ficado até mais tarde na escola e um colega de classe estava lá, a ajudando com a lição. Kouichi chegou, viu a Umeko com outro cara e surtou, achou que ela estava tendo um caso. A escola toda sabia quem ele era por causa do temperamento violento que tinha. Sempre metido em brigas, arrebentando janelas com bastões de *baseball*, essas coisas. Mas daí pra matar a namorada, né? Totalmente pirado.

— "Por que você não acredita em mim?" é o que ela vive dizendo... – Naoki pensou alto.

— Exatamente. Ela tentou explicar, mas o namorado não quis nem saber. O colega deles se mandou e ela ficou lá sozinha com o Kouichi. O cara tinha um canivete na mochila. Ele agarrou a Umeko e rasgou o rosto dela, para que ela não fosse mais bonita. Depois abriu a garganta dela, para que não falasse mais "mentiras". Ele disse que ela ficou agonizando na sala de aula e mesmo depois que morreu, continuou olhando para ele. Então o Kouichi furou um dos olhos dela, antes de tentar fugir. Mas um professor chegou, viu tudo e o resto é história.

— Mas isso é horrível... Ela não tinha culpa de nada, por que virou um fantasma desses? – Fujimoto estava horrorizado.

— Você sabe, Naoki, morte dolorosa, fantasma vingativo. Diziam que ela aparecia na escola de vez em quando, mas sumiu por muito tempo. Até que há uns dois anos surgiram boatos da volta da Umeko. Barulhos estranhos em algumas salas de aula, na biblioteca... Alunos ficando doentes sem motivo. Então meu vô me chamou para fazer o colegial aqui e descobrir alguma coisa, mas nunca havia achado nada. Pensei até que fosse balela de interior. Isso, claro, antes da ideia do Honda e o *Kokkuri-san*. Mas não queria que você tivesse se envolvido nisso. — Takuma terminou o cigarro e sua história.

— E agora eu vou ter que fazer parte de todo esse ritual de exorcismo para acabar com o espírito da Umeko? Você tem um plano? — era bastante informação para Naoki processar.

— Claro. Mas só poderemos fazer alguma coisa na terceira noite após a invocação. Ou seja, amanhã de madrugada. É a regra do jogo. A Umeko só pode aparecer durante as horas amaldiçoadas, sabe, entre duas e três da manhã. Eu trouxe o papel e a moeda daquele dia. Vou te ajudar a se livrar dela e ainda terminar a tarefa que o velho pediu. Vai dar tudo certo.

Ou pelo menos ele esperava que sim.

Naoki tinha um colchão extra que finalmente se revelou útil. Coberto com lençóis limpos e um travesseiro macio, tornou-se um lugar bem confortável para dormir, ao lado da cama de Naoki. Já era bem tarde quando os dois garotos se deitaram. Takuma fez questão de lembrar o companheiro do banho de água salgada. Todas as partes do ritual deveriam ser cumpridas.

Naoki fechou os olhos, sentindo-se seguro pela primeira vez desde que tudo acontecera. Não sabia exatamente se era por conta do abajur ligado ou da presença de Takuma ao seu lado. Ele ingressou no mundo dos sonhos com um sorriso, flutuando em águas tranquilas que o ninavam. Mas logo eram 2h15 da manhã e mesmo sem querer, despertou. **"Por quê?"**. O sussurro o fez sobressaltar-se acordar gritando.

— Ela está aqui! – berrou, sentando-se na cama.

— Eu sei – Takuma disse. Havia acordado minutos antes.

O "aqui", por sorte, não era dentro do quarto. De resto, foi exatamente como a noite anterior. A televisão ligando, os passos na escada, os sons dos ossos estalando. Prevendo o que estava por vir, Naoki deitou-se mais uma vez fitando a porta, apavorado. Viu a sombra dos pés de Umeko pela fresta. Ela estava parada ali, à espreita, esperando que ele abrisse a porta. Fechou os olhos e cravou as unhas no edredom. Podia ver o rosto dela em sua mente. A boca rasgada se abrindo. Mas o que sentiu foi quente, confortável.

— Ela não pode entrar – Takuma disse, bem próximo ao ouvido de Naoki. Ao abrir os olhos, viu o peito do colega em sua frente. Ele havia deitado ao seu lado. Eram os braços dele ao redor de si, a fonte do calor que sentira. – Eu fiz um ritual no seu quarto, ela não consegue entrar. Com o banho que você tomou, ela não pode te tocar. Não vai acontecer nada com você, Naoki. Eu disse que ia te proteger, não disse? Pode olhar agora. A Umeko já foi.

Hesitando um pouco, Naoki observou a porta. Não havia mais nada

43

ali. Ergueu o rosto para fitar Takuma, mas sentiu outro tipo de arrepio percorrer seu corpo. Seu coração acelerou ao que seus olhos se encontraram. As maçãs do rosto queimaram, vermelhas.

— Eu... Takuma... Muito obrigado, m-me desculpe ter... Eu não queria te dar trabalho... — tentou responder, sentindo o corpo cada vez mais tenso ao ser observado.

A resposta que lhe deu, no entanto, foi totalmente diferente da qual ele imaginou. Takuma aproximou o rosto ainda mais e tocou os lábios de Naoki com os dele. Mas não um beijo qualquer. Ele inclinou a cabeça para que suas bocas se encaixassem perfeitamente, deixando um espaço para que a língua escorregasse. Sentiu um bloqueio de início – a boca de Naoki fechada – mas logo ela se abriu. Um gemido suave acompanhou o encontro das duas línguas, ele parecia ter se entregado.

Naoki estava absolutamente confuso, é verdade, e não fazia ideia do que sentia. Seu peito parecia explodir, enquanto seus lábios se mexiam quase com vida própria. Abriam-se para que a língua de Takuma passasse o tomando mais, preenchendo-o. O corpo reagia às mãos de Hisakawa, tornando-se quente e frio, como se percorresse um trajeto de montanha russa. Tocou Takuma, as duas mãos segurando na camiseta dele, sentindo o peito sob ela. Sentiu um abraço apertado que o confortou ainda mais.

Separando seus lábios molhados, Takuma deslizou a boca até a orelha de Naoki. Sorveu e mordiscou-a, os olhos de Naoki reviraram. Depois lhe beijou o pescoço e o garoto mais novo gemeu ainda mais.

— Não... Takuma... Espera... Eu... Hn... Eu não sou gay... Eu nunca fiz isso antes... – Naoki disse, inclinando o rosto como se tentasse se desviar dos beijos, mas apenas querendo mais. Era verdade, no entanto, tudo o que ele dizia. Pelo menos a parte de nunca ter feito nada daquilo antes. Mal beijara direito uma garota, quem dirá um menino.

— Eu também não sou gay... – Hisakawa sussurrou, contornando a orelha de Naoki com a língua – Mas eu gosto de você. Eu não vou fazer nada que você não queira, Naoki, então me avise se não estiver gostando. Se você quiser mesmo que eu pare... – Quase como um desafio, Takuma passou a chupar atrás da orelha do garoto, sentindo os dedos dele apertarem ainda mais a sua camiseta.

Era como se o corpo inteiro de Fujimoto se derretesse sobre a cama. Nunca havia sentido algo assim. Cada centímetro dele ardia em desejo e, perdendo completamente a razão, Naoki buscou a boca de Takuma mais uma vez. Deslizou a língua por entre seus lábios, beijando-o intensamente. Uma das mãos subiu, agarrando em seus cabelos castanhos. As dúvidas e explicações ficariam para depois. Não havia como raciocinar quando os dedos de Takuma tocaram a pele sob seu pijama.

Foi uma combustão espontânea. Os toques eram carinhosos, certeiros e faziam o corpo de Naoki se contorcer. Ele percorria as costas e a cintura dele com suas unhas curtas, lendo seu corpo devagar. Subindo, encontrou um dos mamilos de Naoki, enrijecido, pedindo um pouco de atenção. Fujimoto colou seus corpos ainda mais quando sentiu a carícia em seu peito, onde

ele nunca fora tocado antes. Seus gemidos foram abafados entre o beijo que se intensificou. Suas línguas forçavam-se uma contra a outra, como se travassem uma guerra. Takuma abria ainda mais os lábios, devorando os de Naoki, sentindo o prazer aumentar assim como o volume em suas calças.

Com um estalo molhado, suas bocas se desencaixaram e Takuma moveu o rosto imediatamente para baixo. Sua língua alcançou o mamilo do mais novo, mordiscando de leve antes de tomá-lo entre os lábios. Dessa vez, Naoki não conseguiu controlar o tom da voz meio chorosa que chamava o nome de Takuma. Tudo nele o deixava louco. A forma como o possuía, o calor que emanava, o cheiro do pescoço, pelo qual Naoki já se sentia viciado. Suas bochechas inflamaram quando o tecido de seu pijama roçou em si ao ser retirado. Sentiu os lençóis abraçando seu corpo nu, e em algum momento entre beijos e carícias, também despiu o companheiro. Takuma rolou por cima dele, ajustando-se perfeitamente entre suas pernas. Naoki beijava-lhe o pescoço e os ombros, marcando as costas do mais velho com apertos e arranhões.

Quando sentiu pela primeira vez a mão de Takuma sobre o seu membro por dentro da cueca, Naoki arqueou as costas, elevando-se da cama. Era totalmente diferente ser masturbado por outra pessoa. Ele sempre pensou que mãos de garotos fossem mais ásperas, mas a palma de Takuma era delicada e o atrito era deliciosamente macio. Quando Takuma parou para admirar o seu corpo, enrubesceu, apesar de ser um pouco tarde para ficar com vergonha. A timidez tomou conta dele de novo quando Takuma expôs seu próprio pênis. Foi com muita insegurança que Naoki o tocou ali. Não sabia se estava fazendo certo, mas viu a boca do parceiro se abrir e o gemido ritmado que resvalou de seus lábios.

— Naoki... – Takuma beijou seus lábios várias vezes. Ambos os peitos arfavam, as mãos aumentando o compasso das carícias – Eu não tenho nada aqui...

Em um instante, a cabeça de Naoki foi a milhão. Era bastante claro onde tudo aquilo iria terminar. Nunca, em toda sua vida, ele havia se imaginado em uma situação como aquela. Não estava pronto. Há uma hora ele era apenas um colegial como outro qualquer e agora... Descobria-se gay e potencialmente apaixonado pelo colega de classe. Não fazia o menor sentido. Mas o mais assustador era que ele queria aquilo mais que qualquer coisa. Por isso, agradeceu mentalmente às aulas de educação sexual por terem concedido o pacote de camisinhas que tinha na mesa de cabeceira. Sorrindo, Takuma selou seus lábios com um beijo, mergulhando em seu corpo mais uma vez. Com uma das mãos, ele abriu as pernas de Naoki, elevando um pouco seus quadris, se posicionando sob eles.

O corpo de Naoki se retesou ainda mais ao que ele sentiu a ponta do dedo de Hisakawa bem ali, em sua entrada, delicadamente se forçando para dentro. Quase engasgou. Enterrou as unhas nas costas de Takuma, puxando o ar com sofreguidão enquanto sentia o dedo médio do mais velho o penetrando. Era... Esquisito. Ao mesmo tempo em que ele sentia dor e desconforto, queria ter mais daquilo dentro de si. Sentia um prazer tomando conta de seu corpo, o suor o cobrindo tanto que seus cabelos colavam à testa. A voz chorosa de Naoki clamava por Takuma mais alto, ainda que não soubesse o que dizer. Queria apenas ter certeza que ele estava ali. Que não era um sonho.

— Relaxe o corpo, Naoki... Eu não vou te machucar, eu juro... — Takuma disse, os lábios colados à pele do mais novo enquanto lhe beijava o pescoço, o peito e desceu, lambendo o membro do mais novo, fazendo seu corpo se contorcer ainda mais. Não podia mais aguentar. Ele mesmo sentia em cada célula a tensão que sua ereção lhe causava. O desejo profundo de possuir o companheiro de classe, alimentado pelos gemidos tão sensuais que apenas a pureza de Naoki poderia proporcionar. Encaixando-se sobre ele uma vez mais, Takuma esfregou lentamente a glande para a penetração. Forçando um pouco, sentiu as paredes do mais novo se abrirem, mas o corpo se enrijeceu. Os seus olhos se arregalaram e um gemido de dor escapou por entre seus dentes. Naoki se agarrou no colchão, a boca se arreganhando, parecia que ia sufocar . Era um ardor lacerante. Doía muito. Muito mesmo.

— Me desculpe, Naoki... A gente tenta isso outra hora... Com mais preparo e... Me desculpe... Vamos terminar só com as mãos... – Takuma disse, puxando o pênis para fora do garoto. Mas ele o agarrou com força, abrindo os olhos, trêmulo, fitando o seu rosto.

— Não... Eu quero... Eu quero muito. Entra em mim, Takuma... — Naoki sussurrou, tímido, inclinando o rosto para cima, roubando um beijo e envolvendo o corpo dele em um abraço convidativo.

Com as próprias mãos, Naoki agarrou as nádegas de Takuma, acostumando-se à sensação de ser penetrado, forçando os quadris do mais velho contra o seu e senti-lo por inteiro. Não demorou para que seus corpos entrassem em harmonia, naquele balanço gostoso de vai-e-vem, embalado pela melodia de suas vozes chamando um ao outro. Cada vez mais depressa, dançavam sobre os lençóis. Em algum momento, os travesseiros foram ao chão. O corpo de Naoki formava um arco sobre a cama enquanto o prazer o consumia. Seu peito era devorado por Takuma, tomado por inteiro, e já chegava ao seu limite.

Puxando-o pela cintura, Takuma fez com que o parceiro sentasse em seu colo. A velocidade das estocadas aumentou. Naoki cavalgava por instinto, com os braços ao redor do pescoço do mais velho, os olhos fechados, não podia mais aguentar. Até que finalmente, com um grito lânguido, explodiram. O prazer jorrou por entre eles, melado e quente. Saborearam o êxtase abraçados, o perfume de seus corpos havia se tornado único.

Mais um sorriso.

Outro beijo.

Os dedos se entrelaçaram enquanto se deitavam, juntos, recuperando o fôlego e a consciência. Os braços protetores de Takuma envolveram o frágil Naoki, que se aninhava junto ao seu tórax, afagado por seu calor.

— Você fica ainda mais bonitinho depois de fazer, sabia? — Takuma disse, rindo enquanto seus dedos brincavam com os fios de cabelo dele.

— Eu te acho bonito sempre... – disse Naoki, deixando o sorriso seguir o rubor em seu rosto – Seu coração tá batendo tão calmo... Eu nunca pensei que fosse estar assim com outro garoto. Com você...

— Posso te contar um segredo? Eu queria que isso acontecesse desde que nos falamos pela primeira vez, no telhado da escola. Eu gosto de você, Naoki. Quero ficar com você.

Fujimoto ergueu o rosto, em um ímpeto. Não esperava por aquilo. Seu coração saltou e a insegurança se refletiu em seus olhos. Quase com medo, encarou Takuma mais uma vez. E mais uma vez a resposta não foi outra senão aquele sorriso tão lindo, seguido de um beijo apertado em seus lábios. Naoki fechou os olhos, sentindo-se derreter. Suas mãos acariciaram a pele quentinha do mais velho, puxando-o para perto.

— Eu também gosto de você, Takuma. Não quero que você me solte nunca mais.

O dia do exorcismo chegou em um clima inesperado. Naquela tarde, as janelas estavam todas abertas, recebendo o sol tímido da primavera. As cortinas balançavam com a brisa suave, Naoki cozinhava uma de suas especialidades com a ajuda de Takuma – que, na verdade, parecia mais interessado em apenas abraçá-lo pela cintura e fungar em seu pescoço. Entre beijos — com o gosto dos cigarros mentolados de Hisakawa— na beirada do

51

fogão e na bancada da cozinha, Fujimoto terminou a preparação e ambos almoçaram. Passaram o resto da tarde se esquecendo dos momentos de tensão que se aproximavam a cada hora. A noite chegou entre risos, filmes e jogos de *videogame*.

Depois do jantar veio o último banho com água salgada. Naoki não sabia se era realmente necessário ou apenas uma invenção de Takuma, mas não levantou objeções quando o mais velho sugeriu que tomassem banho juntos, para que, assim, o exorcista pudesse ter certeza de que todas as fases do ritual foram completadas corretamente. A julgar pelo que aconteceu no chuveiro, era apenas uma desculpa, de fato.

Quando a noite se tornou mais calada e as luzes das casas vizinhas se apagaram, deixando a rua mais escura, Naoki ficou apreensivo. Observava atentamente Takuma acender incensos pela casa, posicionando tiras de papel branco que bloqueariam o espírito em todas as saídas da sala de estar. A ideia era manter Umeko aprisionada no mesmo ambiente que eles.

— Mas eu não entendo. Eu achei que para acabar com tudo isso, só precisaríamos finalizar o jogo — Naoki disse, sentado no sofá, abraçando uma das almofadas.

— Não é assim tão simples. Nós precisamos expurgar a alma da Umeko de volta para o mundo dos mortos. Ela é um fantasma vingativo, então provavelmente vai lutar. Mas não se preocupe, eu tenho tudo sob controle. Nós vamos abrir um novo jogo, eu e você. Quando a atrairmos para cá, fecharemos o tabuleiro e eu selarei a alma dela.

— Parece fácil quando você fala desse jeito. – Fujimoto disse, não parecendo confortável com a ideia. Só a lembrança de Umeko já era suficiente para lhe causar arrepios.

— Confie em mim, não é minha primeira vez fazendo isso. Vou me trocar. Se prepare, já está quase na hora.

Aquelas palavras foram suficientes para retorcer o estômago de Naoki. Tudo pareceu ainda mais sério quando Takuma regressou à sala. Sequer parecia o garoto desleixado que conhecera na escola. Vestia o tradicional traje de sacerdotes xintoístas, branco e azul claro. Os cabelos levemente descoloridos penteados sob o chapéu *kanmuri*. Nas mãos, uma vara de madeira repleta de papéis brancos, cortados em formato de ziguezague e que balançavam como um chocalho, um *Oonusa* – instrumento muito utilizado em rituais de exorcismo e purificação pelo fato de fantasmas odiarem o barulho sibilado do papel. Além disso, outros amuletos – chamados *ofuda* – já estavam preparados. Só restava esperar.

Pouco antes da hora amaldiçoada, Hisakawa abriu o tabuleiro de papel, postando em seu centro a moeda de Honda, utilizada no jogo na primeira vez. Em um *déjà vu* desagradável, Fujimoto sentou ao lado do — namorado(?)— colocando o dedo sobre os dez ienes mais uma vez.

— Você está pronto, Naoki? Respire fundo. Vai ficar tudo bem. E aconteça o que acontecer, faça tudo o que eu mandar. – Takuma disse, dando um rápido beijo no mais novo, cuja hesitação tremulava no brilho de seus olhos.

Às duas horas da manhã da terceira noite, invocaram "*Kokkuri-san*" três vezes e depois permaneceram em silêncio. Fujimoto não se moveu. Segurou a respiração, percorrendo a sala apenas com o globo ocular. As luzes piscaram algumas vezes seguidas e, então, tudo se apagou.

Sem tirar o dedo da moeda, Hisakawa usou a outra mão para confortar Naoki, acariciando uma de suas coxas. Estalidos no piso de madeira cortaram a quietude, agoniantes passos muito lentos. Zunidos se juntaram, como se a eletricidade lutasse contra forças invisíveis para voltar. A luz se acendeu, mas piscando intermitentemente. A garota de cabelos compridos e rosto ensanguentado parecia se aproximar em movimentos fracionados, como imagens que ficavam cada vez maiores.

— Qual o nome de quem te matou? – Takuma perguntou, dando início ao jogo. Havia um protocolo a ser seguido. O ar circulou depressa na sala, cujo centro era a mesa onde estavam. Umeko parecia mais aborrecida do que nunca. Sentia o poder que emanava de todos os amuletos sagrados que rodeavam o local. Mesmo assim, estava presa ao jogo de tabuleiro. Precisava responder.

"Kouichi."

"Kouichi."

"KOUICHI."

"KOUICHI!!!"

Era como se pudessem ouvi-la gritar, enquanto a moeda se movia freneticamente pelas silabas que compunham o nome dele. O vento se tornou agressivo, vasos de planta e porta-retratos caíam das estantes.

— Agora, Naoki! – Takuma disse, em voz alta, fitando Fujimoto que fechou os olhos com força.

— *Kokkuri-san, Kokkuri-san*, muito obrigado. Se separe de mim agora! – Naoki disse, apertando o dedo contra a moeda. Ela precisava aceitar. Precisava mover a moeda até o desenho do portal para que, assim, o jogo fosse finalizado. Fujimoto repetiu e repetiu as mesmas palavras até que finalmente viu os dez ienes se locomoverem. No meio do *torii*, a moeda parou e as luzes se acenderam.

Tudo parecia ter se acalmado. O jogo finalmente havia chegado ao fim.

— Nós conseguimos! Nós conseguimos, Takuma! – Naoki se exaltou, surpreso, respirando aliviado, um sorriso imenso em seus lábios. Ele abraçou o mais alto com furor, depois pegou o papel, terminando o rito como deveria. Rasgou o tabuleiro em 48 pedaços, jogando-os dentro de uma tigela e ateando fogo. A moeda deveria ser carregada por ele durante outros três dias, apenas para que se livrasse da maldição de uma vez por todas.

No entanto, Hisakawa não parecia compartilhar da mesma alegria, tampouco do alívio.

— Takuma, o que foi? A gente conseguiu se libertar da Umeko, deu tudo certo como você disse... – mas o dedo de Takuma se postou sobre seus lábios, calando-o.

— Não como eu disse. A alma dela era para estar aprisionada aqui. Não havia como ela sair, está tudo selado. Nós nos libertamos dela, Naoki, mas isso também quer dizer que ela está livre. Para fazer o que quiser.

O que aconteceu em seguida foi tão rápido que Naoki mal conseguiu compreender. A energia se apagou no mesmo momento em que um grito histérico de mulher pareceu rasgar seus tímpanos. Fios de cabelo bateram com violência em seu rosto, como se Umeko tivesse caído entre ele e Hisakawa. Takuma empurrou-o para longe, tentando protegê-lo, fazendo-o sem querer bater as costas na cristaleira da sala, caindo no chão junto de algumas garrafas. O som do vidro se partindo se confundiu ao dos mantras que proferia. Naoki não via nada. Cortou a mão ao se apoiar sobre o piso repleto de cacos, na tentativa de se levantar. Gritou o nome de Takuma ao vê-lo caído, do outro lado do cômodo. As luzes voltaram a acender, apesar de manterem o ritmo inquieto, ora sim, ora não iluminando a sala. Não viu mais sinal de Umeko em lugar nenhum.

— Takuma! Takuma, você está bem? Fala comigo – disse ao se aproximar. O chapéu ritualístico havia voado para longe e seus cabelos estavam desgrenhados.

Porém, Naoki permaneceu estático quando Takuma se ergueu. Ele não se levantou como um humano comum. Seu corpo fez um arco estranho, os dois pés se fincaram no chão, os joelhos se dobraram e o seu corpo se levantou de uma só vez. Rígido. Aterrorizante. Quando os olhos dele se abriram, nada dele se refletia ali. Apenas uma escuridão que não podia ser medida parecia sugar a alma de Naoki. Um oceano de medo e desespero que se tornava cada vez mais próximo. As mãos de Takuma se esticaram, tentando alcançá-lo. Naoki estremeceu. Em pânico, tentou recuar, mas as pernas estavam bambas. Os pés não queriam responder.

— Ta-Takuma...?

— Por quê? – A voz que saiu da garganta de Hisakawa era distorcida como se fossem duas. Um timbre feminino arranhava as cordas vocais do garoto mais velho, fazendo-o engasgar – Você não acreditou em mim. Agora vai ter que me matar. Me mate, Naoki! Me mate! –Takuma dizia, obstinado. Seus dedos envolveram o pescoço de Fujimoto e passaram a estrangulá-lo.

— Takuma... – Naoki esganiçou, agarrando com força o punho que o enforcava, tentando se soltar.

— Me mate, Naoki, vamos! É o único jeito! Se lembra do que eu disse? Haja o que houver faça o que eu mandar. Me mate, Naoki, ou eu irei te matar agora! — a voz ordenou com mais raiva. O olhar denso devorava Fujimoto como um abismo. Naoki esticou as próprias mãos, segurando as roupas de Takuma, puxando-o para perto. O ar lhe faltava. Sentia a pressão arterial caindo, a vista se tornando embaçada. Mesmo assim, com a força que lhe restara, aproximou-se o quanto pôde do corpo do mais velho, beijando seus lábios. Fechou os olhos e pressionou a boca contra a dele.

— Eu acredito em você... Eu acredito em você, Umeko! – disse, com os olhos marejados ao que sentiu os dedos afrouxarem ao redor de si. O oxigênio entrando numa lufada em seus pulmões.

No mesmo instante, o espírito da garota se desprendeu de Takuma. Como se uma névoa negra o envolvesse, Umeko saiu de dentro do corpo possuído, atordoada. O exorcista, logo de volta a si, muniu-se de seu mais poderoso *ofuda,* pressionando o talismã em formato de papel contra o rosto da assombração. Com a palma da mão aberta, ele abriu os lábios, entoando as palavras sagradas que compunham a primeira reza do ritual. Um círculo de luz azul se acendeu, espalhando energia como uma bomba, que derrubou Naoki no chão.

— *On kiri kiri bazara bajiri hora manda manda un hatta. On sara sara basara hara kyara un hatta on agya nauei senjikya sowaka. Akuryou Taisan!* — Takuma finalizou o mantra e a luz se transformou em chamas azuis, que envolveram a figura de Umeko. Uma grande explosão consumiu tudo, antes de desaparecer no ar como poeira.

Naoki contemplava a cena como a um espetáculo impressionante e poderia jurar que na última centelha de segundo, viu o espírito da garota sorrir.

Agora sim.

Estava acabado.

— E então, depois de chamar *Kokkuri-san* três vezes, ela apareceu! O espírito de uma garota morta, com a boca cortada e a garganta sangrando! — Honda dizia enfaticamente, erguendo os braços em direção às garotinhas do quinto ano ginasial, que sentadas na toalha ao lado.

Agora, com o clima já ameno da estação, as turmas da escola se reuniam em um grande piquenique para a apreciação das flores, que brotavam em todas as árvores do parque. Os alunos conversavam e riam em meio às comidas típicas da comemoração.

— Para, Arata, você tá assustando as minhas amigas! — a irmã mais nova de Honda gritou, batendo no irmão, enquanto suas colegas de classe olhavam impressionadas com toda a história — Já falei que não é pra dizer essas coisas!

— Mas é a verdade! Ela apareceu, toda quebrada, tentando matar todo mundo. Mas eu fui muito valente e com todo meu conhecimento de magia obscura, consegui derrotar o fantasma e ela nunca mais foi vista! Não é, Yoshiro? — Arata perguntou, estapeando Kobayashi que quase engasgou com um bolinho.

— É, nossa, foi assim mesmo! — ele disse, balançando freneticamente a cabeça. Os outros, claro, explodiram em risadas. Com exceção de Kimura, que rolou os olhos, impaciente.

— Com certeza, Honda! A sua coragem é do que eu mais me lembro daquela noite! — Hisakawa disse, rindo ainda mais alto, enquanto dividia um refrigerante com Naoki. Arata respondeu com um gesto obsceno. Ele jamais iria saber sobre o que realmente aconteceu. Muito menos sobre o segredo de Takuma e sua família.

Um mês havia se passado desde o fatídico dia do exorcismo de Umeko Takigawa. Desde então, nenhuma aparição foi constatada, nem na escola, tampouco na residência de Naoki. O avô de Takuma garantiu que o ritual fora bem sucedido e que, agora, o espírito da menina finalmente havia encontrado seu caminho no outro mundo. Nunca mais iria perturbar ninguém. Tudo voltara à rotina normal, como se nada houvesse acontecido.

Quer dizer, exceto por Fujimoto e Hisakawa.

Ninguém sabia exatamente por que sempre iam embora juntos da escola e, apesar dos dois nunca falarem nada, também não se esforçavam para esconder. Eram vistos constantemente em restaurantes ou nos parques aos finais de semana. Às vezes eram flagrados de mãos dadas. Deixavam para se beijar dentro de casa, longe da visão dos amigos e familiares que poderiam não entender. Talvez ainda não fosse hora de contar. De qualquer forma, para eles, o relacionamento estava oficializado. Cada um usando o colar que o outro dera, com um pingente de prata em formato de *ume,* a flor de ameixeira. O símbolo do que os uniu e do amor que desabrochou junto com a primavera.

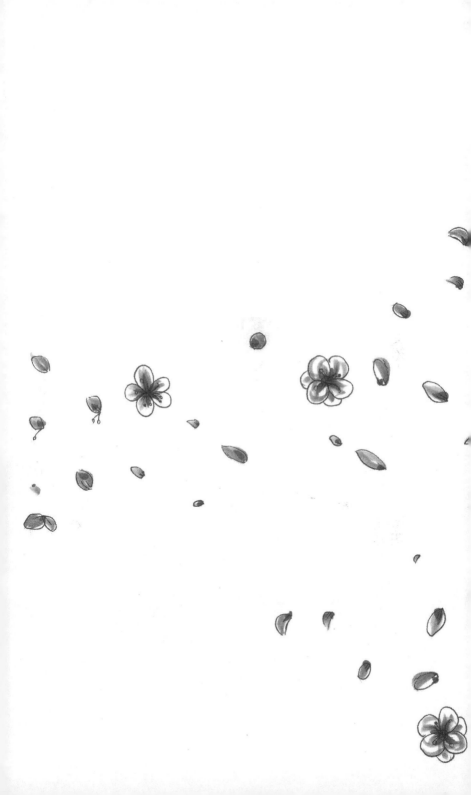

Este livro foi impresso em papel pólen bold
na Renovagraf em junho de 2015